OS 300 ERROS MAIS COMUNS DA LÍNGUA PORTUGUESA

Eduardo M

Barros, Fischer & Associados

Caro leitor
Parte do conteúdo deste livro
foi publicada originalmente na série
de ***Resumão*** sobre o uso da
Língua Portuguesa, com o título
Os 150 erros mais comuns.
Os tópicos foram revistos e
complementados pelo seu autor,
Eduardo Martins,
especialmente para esta obra.

Dados Internacionais de Catalogação na Publicação (CIP)
(Câmara Brasileira do Livro, SP, Brasil)

Martins, Eduardo, 1939-2008.
Os 300 erros mais comuns da língua portuguesa / Eduardo Martins. – São Paulo : Barros, Fischer & Associados, 2011

ISBN 978-85-7711-099-5

1. Português – Erros de uso 2. Português – Redação
3. Português – Uso I. Título.

09-00586 CDD – 469.8

Índices para catálogo sistemático:
1. Português: Erros de uso: Linguística aplicada 469.8
2. Português: Uso correto: Linguística aplicada 469.8

Impressão e acabamento: Yangraf Gráfica e Editora

Sumário

Barros, Fischer & Associados

Editor
Flávio Barros Pinto

OS 300 ERROS MAIS COMUNS DA LÍNGUA PORTUGUESA

Coordenação
Andréa Barros

Projeto gráfico
Cláudio Scalžite e
Flávia Barros

Capa
Maurício Cioffi

Revisão
Marcia Menin

Este livro é publicado pela editora
Barros, Fischer & Associados,
sob licença editorial da herdeira do autor.

1.ª EDIÇÃO
4.ª tiragem ◆ Dezembro / 2014

Endereços
Barros, Fischer & Associados Ltda.
Rua Ulpiano, 86, Lapa, São Paulo
CEP 05050-020
Tel./fax: 0 (xx) 11 3675-0508

Distribuição e vendas
Bafisa, tel.: 0 (xx) 11 3675-0508
Site: www.bafisa.com.br
E-mail: contato@bafisa.com.br

Impressão e acabamento
Yangraf

Sobre o autor:
Eduardo Martins,
jornalista e especialista em língua portuguesa, escreveu o Manual de redação e estilo *do jornal* O Estado de S. Paulo *e outros livros de grande sucesso sobre o uso da nossa língua.*

Nota do editor
Quando Eduardo Martins escreveu este livro, o Acordo Ortográfico da Língua Portuguesa não havia entrado em vigor. Assinado em 1990 pelos membros da Comunidade dos Países de Língua Portuguesa (CPLP) com o objetivo de unificar a ortografia do idioma, o acordo será adotado no Brasil de forma gradativa, de janeiro de 2009 a dezembro de 2015, período "durante o qual coexistirão a norma ortográfica atualmente em vigor e a nova norma estabelecida". Optamos, aqui, por aplicar as novas regras, respeitando, porém, a redação do autor.

Concordância

1 "Fazem" dez dias.

Fazer, quando exprime ***tempo***, é impessoal (não varia):

Faz dez dias.

Fez dois meses.

Fazia cinco séculos.

No caso de ***fazer*** formar locução com um verbo auxiliar, este permanece invariável:

Deve fazer dez meses.

Pode fazer seis anos.

2 "Houveram" muitos problemas.

Haver, no sentido de ***existir***, também é invariável:

Houve muitos problemas no governo.

Havia acidentes sempre naquela estrada.

No caso de ***haver*** formar locução com um verbo auxiliar, este não varia:

Pode haver novos casos de dengue.

Devia haver outras maneiras de resolver o problema.

3 "Existe" muitas expectativas.

Os verbos ***existir***, ***bastar***, ***faltar***, ***sobrar*** e ***restar*** são regulares e variam normalmente:

Existem muitas expectativas.

Bastariam dois trabalhadores.

Sobravam ideias, mas faltavam recursos.

Restavam casos insolúveis.

4 "Vende-se" terrenos.

Em casos como este, o verbo concorda com o sujeito:

Vendem-se terrenos.

Alugam-se casas.

Fazem-se consertos.

Na vida cometem-se injustiças.

Se houver preposição depois do verbo, ele fica invariável:

Trata-se dos amigos mais leais.

Precisa-se de balconistas.

Recorre-se a todos.

5 "Deixou-me" triste essas notícias.

Faça a concordância adequada:

Deixaram-me triste essas notícias.

Cuidado, é comum o erro de concordância quando o verbo está antes do sujeito:

Foram iniciadas (e não "foi iniciado") *ontem as obras.*

Foram abertas (e não "foi aberta") *as inscrições para o curso.*

6 A dedicação dos filhos "servem" de exemplo.

Palavra próxima ao verbo não deve influir na concordância:

A dedicação dos filhos serve de exemplo (e não "servem de exemplo": o núcleo do sujeito é ***a dedicação***, e não "os filhos").

A lista dos amigos ausentes provocou espanto (e não "provocaram espanto": o sujeito é ***lista***).

7 Ele é um dos que "pensa" assim.

Um dos que faz a concordância no plural:

Ele é um dos que pensam assim (dos que pensam assim, ele é um).

O amigo foi uma das pessoas que mais o apoiaram.

Não sou dos (ou *daqueles*) *que acham isso.*

8 Os Estados Unidos "invadiu" o Iraque.

Nome geográfico precedido de artigo no plural leva o verbo para o plural:

Os EUA invadiram o Iraque.
Os Andes cortam a América do Sul.
Os Alpes são uma cordilheira.
As Ilhas Salomão ficam no sudoeste da Oceania.

9 Mais de um amigo o "alertaram".

A concordância de ***mais de um*** é no singular:

Mais de um amigo o alertou.

O verbo só vai para o plural se ***mais de um*** estiver repetido ou houver ideia de reciprocidade:

Mais de um amigo, mais de um parente o avisaram.
Mais de um manifestante se agrediram (reciprocidade).

10 Um terço dos alunos "faltaram" hoje.

A concordância dos ***números fracionários*** se faz com o ***valor expresso***:

Um terço dos alunos faltou hoje.
Dois terços dos habitantes da cidade eram católicos.
Três quartos da população eram pobres.

11 Já "é" 10 horas.

Horas e as demais palavras que definem tempo variam:

Já são 10 horas.

Já é (e não "são") *1 hora.*

Atenção: a concordância de ***meio-dia*** e ***uma hora*** é com a unidade, mesmo que ela não apareça sozinha. Assim:

Já é uma hora e trinta minutos.

Já é meio-dia e quarenta e cinco minutos.

12 Nenhum dos livros lhe "agradaram".

Com ***nenhum***, a concordância é no singular:

Nenhum dos livros lhe agradou.

Esperava que nenhuma das ameaças se cumprisse.

O mesmo se dá com ***algum***:

Algum deles chegará hoje, com certeza.

13 "Obrigado", disse a moça.

Obrigado concorda com o sexo da pessoa que faz o agradecimento:

"Obrigada", disse a moça.

Obrigado (eu) *pela dedicação.*

Muito obrigados (nós) *por tudo.*

14 Estava "meia" adoentada.

Quando significa ***um tanto***, ***mais ou menos***, ***meio*** é advérbio e não varia:

Estava meio adoentada.

Ficou meio alucinada.

Chegou meio atrasada.

Quando é adjetivo ou numeral, ***meio*** varia:

meia laranja;

meia dúzia;

meia altura.

15 A festa começou ao meio-dia e "meio".

Na verdade, começou ao *meio-dia e* ***meia***. Por quê? Porque se trata de ***meio-dia*** mais ***meia hora***:

A festa começou ao meio-dia e meia.

16 Ela "mesmo" fez o trabalho.

Quando vem depois de substantivo ou pronome, ***mesmo*** varia (equivale a ***próprio*** ou ***própria***):

A professora mesma (própria) preparou a sala de aula.

Eles mesmos (próprios) descarregaram o caminhão.

A moça conseguiu o emprego por si mesma (própria).

Mesmo só não se flexiona quando equivale a ***de fato*** ou ***realmente***:

Eles trouxeram mesmo os livros.

A moça veio mesmo.

17 Envio "anexo" os documentos pedidos.

Quando se refere a um substantivo, ***anexo*** concorda com ele:

Envio anexos os documentos pedidos.

Segue anexa a cópia da certidão.

Eram prédios anexos ao central.

Evite também o uso da expressão *em anexo* (*envio* "em anexo" *as certidões*), condenada por muitos gramáticos.

18 É um crime de "lesa"-leitor.

Neste tipo de construção, é o adjetivo ***leso*** (e não a flexão *lesa*, de *lesar*) que se emprega. ***Leso*** concorda com o substantivo a que se liga:

É um crime de leso-leitor (de *leitor lesado*).

É um crime de leso-patriotismo (de *patriotismo lesado*).

É um crime de lesa-pátria (de *pátria lesada*).

No plural: *lesos-direitos* (*direitos lesados*), *lesas-majestades* (*majestades lesadas*).

REDUNDÂNCIAS

19 "Há" dois meses "atrás".

Como ***há*** e ***atrás*** indicam passado, não use os dois juntos:

Ele chegou há dois meses.

Iniciou o trabalho dois meses atrás.

20 "Já" não há "mais" motivo.

Já e ***mais*** têm a mesma função na frase. Por isso:

Não há mais motivo.

Ou:

Já não há motivo.

21 "Entrar dentro" da área.

O certo:

Entrar na área (ninguém "entra fora").

Outras formas a evitar:

"sair fora", "subir para cima",
"descer para baixo".

22 "Encarar de frente" os desafios.

Ninguém ***encara*** (nem *enfrenta*) de lado ou de costas.

Diga:

encara (enfrenta) firmemente,
encara (enfrenta) com decisão,
enfrenta (encara) sem receio.

23 "Elo de ligação".

Elo já significa ***ligação***:

Ele é o elo entre a empresa e os funcionários.

Outras redundâncias:

"viúva do falecido" (não há viúva sem falecido), "ganhar grátis" (não se ganha pagando), "habitat natural" (todo habitat é natural).

24 Saiu cedo, "mas" não conseguiu, "no entanto", pegar o ônibus.

Não use na mesma frase ***mas*** e ***no entanto***, o que constitui redundância. Elimine uma das duas formas:

Saiu cedo, mas não conseguiu pegar o ônibus.

Saiu cedo, no entanto não conseguiu pegar o ônibus.

O mesmo vale para: "mas ... contudo", "mas ... entretanto", "mas ... porém", etc.

25 A temperatura estava "quente".

A palavra ***temperatura*** já inclui o conceito de ***quente*** ou ***frio***. Por isso, deve-se falar em *temperatura alta, elevada, muito alta, muito elevada, baixa, muito baixa*, etc.:

A temperatura estava muito alta.

A temperatura é muito baixa no inverno.

A temperatura é alta na maioria dos Estados do Nordeste.

Frio, ***quente*** e formas equivalentes são usadas para tempo, dia, manhã, tarde, etc.:

O tempo está quente.

O dia ficou frio.

A manhã estava fresca.

26 O preço do carro é "barato".

Diga que o ***preço*** do carro é *baixo, módico, acessível, convidativo, elevado, alto, exorbitante.*

Falar em preço "barato" ou "caro" é redundância porque as duas palavras já encerram a ideia de preço.

Uso de Pronomes

27 O livro é para "mim" ler.

Mim não lê, porque não pode ser sujeito.

Assim:

para eu ler,
para eu fazer,
para eu escrever.

28 Está tudo certo entre "eu" e você.

Depois de preposição, usa-se ***mim*** ou ***ti***:

Está tudo certo entre mim e você.
Está tudo certo entre ti e eles.

29 Deixei "ele" no serviço.

Os gramáticos condenam o uso de ***eu***, ***tu***, ***ele***, ***nós***, ***vós*** e ***eles*** (pronomes do caso reto) como objetos diretos.

Então:

Deixei-o (ele) *no serviço.*
Viu-a (ela) *na festa.*
Mande-os (eles) *voltar.*
Encontrou-nos (nós) *no lugar marcado.*

30 Não "lhe" conheço.

Lhe não pode ser usado com verbos transitivos diretos, pois substitui ***a ele***, ***a eles***, ***a você*** e ***a vocês***:

Não o conheço (e não "não lhe conheço").

Nunca a (e não "lhe") *deixarei.*

Nós o (e não "lhe") *convidamos.*

O marido a (e não "lhe") *ama.*

Exemplos corretos do uso de ***lhe*** (equivalendo a ***a ele*** ou ***a ela***):

Pedi-lhe (pedi a ele) o favor.

Ficou contente e lhe (a ele) agradeceu.

31 A firma "daria-lhe" a promoção?

Não se usa pronome átono (***me***, ***te***, ***se***, ***lhe***, ***nos***, ***vos***, ***lhes***) depois de ***futuro do presente***, ***futuro do pretérito*** (antigo condicional) e ***particípio***.

Assim:

Eles se afirmarão pela competência (e nunca "afirmarão-se").

O colega nos fará (e não "fará-nos") *o favor.*

A firma lhe daria (ou *dar-lhe-ia*, forma rebuscada atualmente) *a promoção* (e nunca "daria-lhe")?

Havendo-me pedido... (e nunca "havendo pedido-me"...).

32 É claro que "trata-se" de engano.

O ***que*** atrai o pronome átono:

É claro que se trata de engano.

Disse ao amigo que se arrependera.

O mesmo ocorre com as ***negativas***:

Não o diga a ninguém.

Nunca lhe revelei o fato.

Ninguém nos procurou.

Jamais me preocupei com isso.

Nada nos abalou a confiança.

33 Quando "falava-se" dele...

Quando e outras conjunções subordinativas (como ***enquanto***, ***como***, ***embora***, ***segundo***, etc.) atraem o pronome:

Quando se falava dele...

Enquanto o prestigiaram...

Como lhe pediram...

Segundo nos disseram...

34 Não se preocuparam "nenhum" pouco.

Nem um é que equivale a ***nem um único***, ***nem um sequer***:

Não se preocuparam nem um pouco.

Nem uma única folha se mexia.

Não quis ficar nem um instante mais.

SINGULAR/PLURAL

35 As frutas custam 5 "real".

A moeda tem plural, regular:

As frutas custam 5 reais.

36 Você viu "o meu" óculos?

Óculos é plural e por isso as palavras que o acompanham devem também ser flexionadas:

Você viu os meus óculos?
Comprou uns óculos de grau.
Chegou a hora de trocar os óculos.

Igualmente:

meus parabéns, os parabéns,
meus pêsames, seus ciúmes,
nossas férias, os patins,
meus patins.

37 O termômetro marcou zero "graus".

Zero é singular, sempre:

zero grau,
zero hora,
carros zero-quilômetro.

38 A obra custará "R$ 1,25 bilhões".

Um ***número*** vai para o plural somente ***a partir de duas unidades***:

A obra custará R$ 1,25 bilhão.

O dólar foi cotado a 1,80 real (e não "1,80 reais").

Aquele Estado tinha em média 0,7 habitante (e não "0,7 habitantes") *por quilômetro quadrado.*

Havia na cidade 2,3 milhões de pessoas.

39 Pesou os "pró" e os "contra" do ato.

Palavra ***substantivada*** tem plural:

Pesou os prós e os contras do ato.

Levou dois foras da namorada.

Considerou os nãos e os sins.

40 Tirou a prova dos "nove".

Números, quando ***substantivados***, têm plural:

Tirou a prova dos noves.

Noves fora.

Retirou os cincos do baralho.

Faltavam os oitos no bingo.

Não existe plural apenas quando o número expressa uma quantidade:

Havia nove pessoas na sala.

Já escreveu oito livros.

41 Tornaram-se "cidadões" do mundo.

O certo:

Tornaram-se cidadãos do mundo.

Veja mais alguns plurais em ***ãos***:

acórdãos, artesãos, bênçãos, cristãos, irmãos, órfãos, órgãos, pagãos.

42 Descendiam de "alemões".

Algumas palavras em ***ão*** têm plural em ***ães***:

Descendiam de alemães.

Igualmente:

cães, capelães, capitães, catalães, escrivães, pães, sacristães, tabeliães.

43 Eram "caráteres" divergentes.

O plural de ***caráter*** é ***caracteres***:

Eram caracteres divergentes.

Mau-caráter segue a norma:

Convivia com maus-caracteres.

Eram considerados maus-caracteres (e não "maus-caráteres").

Outros plurais dignos de nota:

gângster, gângsteres; júnior, juniores; pôster, pôsteres; sênior, seniores.

44 Tira "féria" todo ano em janeiro.

Féria é a quantia que alguém arrecada num período:

Sua féria crescia muito no verão.

Férias são o período de descanso:

Tira férias todo ano em janeiro.

45 A festa de "núpcia" foi luxuosa.

Núpcias é palavra só empregada no plural:

A festa de núpcias foi luxuosa.

Casou-se em segundas núpcias.

Outras palavras usadas apenas no plural:

afazeres, *arredores*, *belas-artes*, *cãs* (cabelos brancos), *confins*, *fezes*, *pêsames*, *trevas*, *víveres*.

E os naipes do baralho:

copas, *espadas*, *ouros* e *paus*.

46 Estava com dor "na costa".

A parte do corpo são ***as costas***:

Estava com dor nas costas.

Machucou as costas.

Costa equivale a litoral:

A costa brasileira é muito extensa.

47 Os dois eram "surdo-mudos".

Os dois elementos de ***surdo-mudo*** variam sempre:

Os dois eram surdos-mudos.

O filme era sobre uma surda-muda.

Na família, havia duas moças surdas-mudas.

48 O ator brigou com "um paparazzi".

Paparazzi é o plural e ***paparazzo***, o singular:

O ator brigou com um paparazzo.

Os paparazzi não davam trégua ao artista.

49 Comprou "CD's" e "DVD's".

O plural de siglas se faz pelo acréscimo de um ***s*** minúsculo, ***sem*** apóstrofo:

Comprou CDs e DVDs.

Cinco PMs fizeram a segurança da reunião.

50 Preferia os tons "pastéis".

Cor, quando expressa por ***substantivo***, não varia:

Preferia os tons pastel.

Ternos cinza, camisas rosa, blusas creme.

(É como se fosse: *tons* (cor de) *pastel*, *ternos* (cor de) *cinza*).

Já o adjetivo se flexiona normalmente:

vestidos azuis, gravatas amarelas.

Exceção: *saia marinho, roupas marinho.*

51 Usava camisas "azuis-claras".

Nos nomes de ***cor*** formados por ***dois adjetivos***, só o segundo varia: *camisas azul-claras*, *gravatas vermelho-escuras*.

Exceções:

ternos azul-marinho,
blusas azul-celeste.

52 Águas "azul-turquesas".

Adjetivos compostos de dois elementos dos quais o segundo seja um substantivo ficam invariáveis no plural:

águas azul-turquesa,
blusas amarelo-canário,
mantos vermelho-púrpura.

53 Raios "ultravioletas".

Violeta é substantivo e, por isso, o derivado não varia: *raios ultravioleta*.

Não faça confusão com *raios infravermelhos* ou *radiações infravermelhas*, em que ***vermelho*** se flexiona por ser adjetivo.

54 O ginasta ganhou quatro "troféis".

Palavras terminadas em ***u*** formam o plural pelo mero acréscimo de ***s***:

troféus (e nunca "troféis"), *degraus* (e nunca "degrais"), *chapéus* (e nunca "chapéis"), *bacalhaus*, *calhaus*, *mingaus*.

Os finais ***al*** e ***el*** é que resultam em ***ais*** e ***éis***:

fatais, *carnavais*, *papéis*, *fiéis*.

55 A faxineira vinha às "terça-feiras".

Flexionam-se os dois elementos dos dias da semana terminados em ***feira***:

A faxineira vinha às terças-feiras.
Não trabalhava às segundas-feiras
nem às sextas-feiras.

Da mesma forma: *quartas-feiras*, *quintas-feiras*.

56 Os "pronto-socorros" vão abrir domingo.

Nas palavras compostas formadas por um adjetivo e um substantivo, os dois vão para o plural:

Os prontos-socorros vão abrir domingo.

Da mesma forma:

altos-fornos, *baixos-relevos*,
boas-fés, *longas-metragens*,
más-línguas, *pobres-diabos*.

57 Faltavam "refrões" para suas músicas.

Há duas formas de plural para ***refrão***, segundo os dicionários *Aurélio* e *Houaiss*:

refrães e *refrãos* (mas não "refrões").

Veja outros plurais duplos ou triplos (a flexão mais aceita está citada em primeiro lugar):

aldeões, *aldeãos* e *aldeães*;
anciãos, *anciães* e *anciões*;
charlatães e *charlatões*;
corrimãos e *corrimões*;
cortesãos e *cortesões*;
ermitões, *ermitãos* e *ermitães*;
guardiães e *guardiões*;
sacristães e *sacristãos*;
sultões, *sultãos* e *sultães*;
vilões, *vilãos* e *vilães*.

58 Eram cinco cavalos "puro-sangue".

Os dois termos da palavra composta variam:

Eram cinco cavalos puros-sangues.
Era um criador de puros-sangues.

O mesmo ocorre com ***manga-larga***:

Foi a um leilão de mangas-largas.
Apreciava os cavalos mangas-largas.

59 Havia três "Papai Noel" no shopping.

Nomes próprios também podem ser pluralizados:

Havia três Papais Noéis no shopping.
Linus Pauling ganhou dois Nobéis.
Em "Os Maias", Eça de Queirós narra a saga da família Maia.
A Rua dos Gusmões lembra o clã Gusmão.
A cidade de Andradas, em Minas, homenageia a família Andrada.

ORTOGRAFIA

60 Estava "paralizado" de medo.

O ***s*** existente entre duas vogais ***nos substantivos*** também está presente ***no verbo***:

Estava paralisado (de *paralisia*) *de medo.*
Igualmente: *paralisante*, *paralisação.*

Outros casos:

Vamos analisar (de *análise*) *os resultados.*
Carro com catalisador (de *catálise*) *polui menos.*
A moda agora é alisar (de *liso*) *os cabelos.*

61 Vamos "organisar" a festa?

É ***izar*** a terminação que indica "ação de fazer" e se agrega a um adjetivo ou substantivo terminado em ***r***, ***l***, ***n*** ou ***vogal***:

Vamos organizar a festa?

Outros exemplos:

banal, *banalizar*;
cânon, *canonizar*;
cota, *cotizar*;
horror, *horrorizar*;
suave, *suavizar*.

62 Relacione todas as "excessões".

O certo é ***exceções***.

Veja outras grafias erradas e, entre parênteses, a forma correta:

"advinhar" (*adivinhar*),
"ascenção" (*ascensão*),
"benvindo" (*bem-vindo*),
"cincoenta" (*cinquenta*),
"pixar" (*pichar*),
"xuxu" (*chuchu*),
"zuar" (*zoar*).

63 Não admito "previlégios".

A palavra tem ***i***, e não ***e***, na primeira sílaba:

Não admito privilégios.

Outros usos do ***e*** ou ***i***:

aborígine (e não "aborígene"),
calcário (e não "calcáreo"),
despendido (e não "dispendido"),
empecilho (e não "impecilho"),
invólucro (e não "envólucro"),
mexerica (e não "mixirica"),
prevenir (e não "previnir").

64 A moça não sai do "cabelereiro".

Relacione palavras entre si para evitar erros:

A moça não sai do cabeleireiro
(de *cabeleira*).

Era um encontro prazeroso
(e não "prazeiroso" – vem de *prazer*).

Atenção, vamos maneirar
(e não "manerar" – vem de *maneira*).

65 Eram casas "germinadas".

Lembre-se de ***gêmeos***:

Eram casas geminadas (sem ***r***).

Evite acrescentar letras inexistentes às palavras:

asterisco (e não "asterístico"),
beneficência (e não "beneficiência"),
beneficente (e não "beneficiente"),
bugiganga (e não "buginganga"),
mendigo (e não "mendingo"),
mortadela (e não "mortandela"),
reivindicar (e não "reinvindicar" nem "reinvidicar").

66 Muito obrigado, "meretíssimo".

De ***mérito***, só pode derivar ***meritíssimo***, e não "meretíssimo":

Muito obrigado, meritíssimo.
Dirigiu-se ao meritíssimo juiz.

67 Gostava de comida por "kilo".

A comida é ***por quilo***.

Outras palavras já aportuguesadas:

batom, camicase, chique, clipe, clube, críquete, cupom, estande, estresse, gangue, gim, golfe, grogue, gueixa, lorde, moletom, ringue, saquê, surfe, tíquete, turfe, xampu.

68 Pediu um quilo de "colchão" mole.

A carne é ***coxão*** (de *coxa*), e não "colchão":

coxão mole, coxão duro.

69 Era um deputado "bahiano".

Só existe ***h*** em ***Bahia***, mas não nos derivados do nome do Estado:

Era um deputado baiano.

Mora na Bahia.

Tinha muitos parentes baianos.

Nas palavras compostas, ***Bahia*** perde o ***h*** e a ***inicial maiúscula***: *coco-da-baía, jacarandá-da-baía, laranja-da-baía.*

Da mesma forma, o torcedor do Corinthians é ***corintiano***, também sem ***h***.

70 Ficou "frustado" com a negativa.

O verbo é ***frustrar***, e não "frustar":

Ficou frustrado com a negativa.

O resultado do jogo frustrou os torcedores.

Também ***prostrar*** tem o grupo ***tr***:

A doença o deixou prostrado.

Prostraram-se diante do rei.

71 Pulseira "incrustrada" de diamantes.

Incrustado vem de ***crosta***; por isso, não tem o grupo ***tr***:

Pulseira incrustada de diamantes.

O artesão incrustou a mesa.

O mesmo ocorre com ***incrustação***:

O dentista aplicou incrustações de metal na boca do paciente.

72 Os edifícios foram "depedrados".

Os edifícios, na verdade, foram ***depredados*** (a palavra não se relaciona com *pedra*).

Outras palavras nas quais existem frequentes trocas de letras:

"areoplano" (*aeroplano*),
"areoporto" (*aeroporto*),
"estrupo" (*estupro*),
"metereologia" (*meteorologia*),
"probrema" ou "pobrema" (*problema*),
"recramação" (*reclamação*).

73 O mensageiro ficou à espera da "gorgeta".

A palavra tem ***j*** e não ***g***:

O mensageiro ficou à espera da gorjeta.

Outras palavras com ***j*** e não ***g***:

alforje, berinjela, cafajeste, canjica, enrijecer, gorjear, gorjeio, granjear, jenipapo, jia (rã), *jiboia, jiló, laje, lajeado, laranjeira, lisonjear, lisonjeiro, majestade, manjedoura, manjericão, ojeriza, pajé, pajem, sarjeta, ultraje.*

74 A "tijela" estava cheia de doces.

Tigela é com **g** e não com ***j***:

A tigela estava cheia de doces.

Outras palavras com **g** e não ***j***:

afugentar, bege, falange, ferrugem, frigir, herege, Hégira, proteger, rabugento, selvageria.

75 A "embriaguês" nas estradas é um risco.

Substantivos relacionados com adjetivos têm as terminações ***ez*** e ***eza***:

beleza (belo), *embriaguez* (embriagado), *escassez* (escasso), *estupidez* (estúpido), *pobreza* (pobre), *riqueza* (rico), *sensatez* (sensato), *surdez* (surdo), etc.

76 Comeu uma pizza de "calabreza".

São as terminações ***ês***, ***esa*** e ***isa*** que indicam nacionalidade, origem, título de nobreza ou ocupação feminina:

calabresa, francês, inglesa, japonesa, português; burguesa (do *burgo*), *camponês* (do *campo*), *cortês* (da *corte*); *baronesa, duquesa; poetisa, profetisa.*

77 A moça se dava bem com o "padastro".

A forma correta é ***padrasto***. A palavra deriva de *padre* (pai em latim). Portanto:

A moça se dava bem com o padrasto.

Evite também inverter as letras de ***madrasta*** (de *mater*, *madre*, ou seja, mãe):

A madrasta fazia a lição com o enteado.

78 "Porisso".

Em duas palavras, ***por isso***, como *de repente* e *a partir de*:

Comeu muita feijoada e, por isso, ficou com indigestão.

A torcida de repente começou a vaiar.

A loja vendia calças a partir de R$ 15,00.

79 A Polícia concluiu o "inqüérito".

Nunca existiu o trema em ***inquérito*** (a pronúncia é "*inkérito*"):

A Polícia concluiu o inquérito.

O STF determinou a abertura de inquérito.

Da mesma forma: *questão* (a pronúncia é "*kestão*").

80 O time tornou-se "octacampeão".

O elemento que indica *oito* pode ser ***octo*** ou ***octa***. Veja quando usar ***octo***:

O time tornou-se octocampeão.

Era seu octogésimo aniversário.

Da mesma forma: *octogenário*, *octogonal*, *octossecular*, *octossílabo*.

Octa aparece em:
octadecaedro, *octaedro*,
octanagem e *octangular*.

81 Não se deve fazer mal a "outrém".

Outrem, com o significado de *os outros*, *as demais pessoas*, é palavra paroxítona (a sílaba mais forte é a penúltima):

Não se deve fazer mal a outrem (pronúncia: "*ôutrem*").

Não eram seus os livros, mas de outrem.

ACENTUAÇÃO

82 Esbanjava "tranqüilidade".

O ***u*** pronunciável depois de ***q*** e ***g*** e antes de ***e*** e ***i*** não exige trema (o sinal foi abolido):

aguentar, ambiguidade, consequência, equino, linguiça, sequestro, tranquilo.

83 Foi de "Itú" para "Jau".

Palavra oxítona (a sílaba mais forte é a última) terminada em ***u*** ou ***us*** tem acento apenas se houver vogal antes do ***u***:

Foi de Itu para Jaú.

Outros exemplos:

Botucatu, Crateús, jacus, Mundaú, Pacaembu, Tambaú, Turiaçu.

84 Chegou de "Jacarei".

A regra anterior vale também para o ***i*** ou ***is***:

Chegou de Jacareí.

Outros exemplos:

caí, ergui, Jundiaí, país, pareci, saí, Tucuruvi.

85 Seu "prejuizo" foi elevado.

Nas palavras paroxítonas (a sílaba mais forte é a penúltima), o ***i*** isolado (e seguido ou não de ***s***) leva acento agudo:

prejuízo (pre-ju-í-zo), *ateísmo*, *atraía*, *caíram*, *incluído*, *juízes*, *países*, *Paraíba*, *ruína*, *saída*, *suíço*.

No entanto, não é acentuado quando precedido de ditongo:

cauila (avarento), *maoismo*, *taoista*.

86 Tinha muito boa "saude".

A regra anterior também se aplica ao ***u***:

saúde (sa-ú-de), *Araújo*, *balaústre*, *miúdo*, *multiúso*, *reúne*, *reúso*, *saúva*.

Mas:

baiuca, *boiuna*, *feiura*.

87 Ações eficazes "constróem" uma reputação.

Evite este equívoco comum: as flexões verbais ***constrói*** e ***destrói*** têm acento, mas o sinal inexiste nas formas do plural, ***constroem*** e ***destroem***:

Ações eficazes constroem uma reputação.

Furacões às vezes destroem cidades inteiras.

88 Não "pode" vir ontem.

Pôde, passado, recebe circunflexo para não se confundir com ***pode*** (pronúncia: "*póde*"):

Não pôde vir ontem, mas pode chegar hoje à tarde.

O mesmo ocorre com ***pôr***, verbo (por causa de ***por***, preposição):

Vamos pôr tudo em pratos limpos.
É hora de pôr a mesa.

89 Ele nunca "pára".

Para, do verbo ***parar***, não tem acento:

Ele nunca para.

Também não há acento diferencial em:

pelo e *pelos* (cabelo, cabelos),
pela (substantivo – bola ou jogo – ou forma verbal),
pelo (verbo *pelar*),
polo e *polos*.

USO DO HÍFEN

90 Recusava-se a fazer "hora-extra".

Extra (adjetivo) liga-se sem hífen a um substantivo:

Recusa-se a fazer hora extra.

Também não têm hífen:

bom humor, braço direito,
fim de semana, mão de obra,
mau cheiro, meio ambiente,
peso pesado, ponto de vista.

91 Havia falta de "matéria prima".

Existe hífen:

Havia falta de matéria-prima.

O sinal aparece também em:

alto-astral, cara-pálida,
cara-pintada, mal-estar,
mato-grossense, posto-chave,
primeira-dama, público-alvo,
seguro-desemprego, sem-terra,
terceiro-mundista, vale-refeição.

92 O "ar-condicionado" estava gelado.

Ar-condicionado, com hífen, é o aparelho:

Mandou consertar o ar-condicionado.

Comprou um ar-condicionado para a sala.

Sem hífen, é o próprio ar:

O ar condicionado estava gelado.

Trocou o aparelho de ar condicionado.

93 Trabalhava em "relações-públicas".

A atividade não tem hífen:

Trabalhava em relações públicas.

Formou-se em relações públicas.

Existe hífen na designação do profissional:

Era o relações-públicas da empresa.

94 Defendia posições "terceiro mundistas".

Derivados de locuções ou de nomes próprios constituídos de duas ou mais palavras têm hífen:

belo-horizontino, bom-mocismo,
bossa-novista, espírito-santense,
mato-grossense,
são-paulino (torcedor do São Paulo),
terceiro-mundismo.

95 Assistiu "ante-ontem" ao espetáculo.

Os prefixos ***ante*** e ***sobre*** ligam-se com hífen a um elemento que comece por ***e*** e ***h***:

ante-estreia, sobre-elevado,
ante-histórico, sobre-humano.

Nos demais casos, não se usa o hífen, duplicando-se o ***r*** e ***s***:

anteato, anteclássico, antediluviano,
anteontem, anteprojeto, anterrefeitório,
antessala, sobreaviso, sobrecarregado,
sobreosso, sobrerrestar, sobressaia.

96 Sua atitude foi julgada "anti-ética".

Os prefixos ***anti*** e ***arqui*** ligam-se com hífen quando o elemento seguinte começa por ***h*** e ***i***:

anti-histamínico, arqui-hiperbólico,
anti-inflacionário, arqui-inimigo.

Nos demais casos, não se usa o hífen, duplicando-se o ***r*** e ***s***:

antiamericano, antidemocrático,
antiético, antimíssil, antiofídico,
antipirataria, antirrevolucionário,
antissemita, arquiavô, arquibilionário,
arquidiocese, arquioligarca,
arquirrival, arquissecular,
arquitesoureiro.

97 Recusou-se a praticar a "auto-censura".

O prefixo ***auto*** só se liga com hífen a palavras iniciadas por ***h*** e ***o***:

auto-hipnose, auto-ônibus.

Nos demais casos, não se usa o hífen, duplicando-se o ***r*** e ***s***:

autoafirmação, autobiografia, autocensura, autocrítica, autoestrada, autoflagelação, autolançamento, autopromoção, autorregulação, autossuficiência.

98 Foi uma iniciativa "bem sucedida".

Existe hífen quando os prefixos ***bem***, ***além***, ***aquém***, ***recém*** e ***sem*** formam palavras com outros elementos:

bem-amado, bem-intencionado, bem-sucedido, além-mar, Além-Paraíba, além-túmulo, aquém-fronteiras, aquém-oceano, aquém-pireneus, recém-admitido, recém-casado, recém-nascido, recém-operado, sem-cerimônia, sem-terra, sem-teto, sem-vergonha.

99 O time tornou-se "bi-campeão".

Os elementos de composição que indicam dois, três, quatro, etc. ligam-se sem hífen ao termo seguinte:

O time tornou-se bicampeão.

O Brasil é pentacampeão mundial de futebol.

Da mesma forma:

tetracampeão, pentacampeonato,
hexacampeão, heptacampeonato,
octocampeão, eneacampeonato.

100 O carro estava na "contra-mão".

Os prefixos ***contra***, ***extra*** e ***intra*** ligam-se com hífen a elementos iniciados por ***h*** e ***a***:

contra-ataque, contra-habitual,
extra-abdominal, extra-hospitalar,
intra-arterial, intra-hepático.

Nos demais casos, não se usa o hífen, duplicando-se o ***r*** e ***s***:

contracheque, contraespionagem, contrafilé, contraindicado, contramão, contraproposta, contrarregra, contrassenso, extracampo, extraconjugal, extrajudicial, extraoficial, extrassensorial, extrauterino, extravirgem, intracelular, intranasal, intraocular, intrapulmonar, intrarracial, intrauterino.

101 O "expresidente" saudou o "viceprefeito".

Ex e ***vice*** exigem hífen diante de qualquer elemento:

ex-aluno, ex-marido, ex-presidente, ex-primeiro-ministro, vice-almirante, vice-rei, vice-cônsul, vice-governador.

102 Eram obras de "infra-estrutura".

Os prefixos ***infra*** e ***supra*** exigem hífen apenas antes de ***h*** e ***a***:

infra-axilar, infra-humano, supra-axilar, supra-hepático.

Nos demais casos, não se usa o hífen, duplicando-se o ***r*** e ***s***:

infrabucal, infracitado, infradotado, infraestrutura, inframolecular, infrarrenal, infrassom, infravermelho, supraconstitucional, suprarrenal.

103 Foi um grande "malentendido".

Mal, com o sentido de *insuficientemente*, liga-se com hífen a outra palavra cuja primeira letra seja ***vogal*** ou ***h***:

mal-acabado, mal-educado, mal-entendido, mal-intencionado, mal-ouvido, mal-usar, mal-humorado.

Nos demais casos:

malcheiroso, maldisposto, malfeito, malpassado, malresolvido, malsucedido.

104 Era preciso fazer uma "mega-soma".

Mega liga-se a outro elemento sem hífen, duplicando-se o ***r*** e o ***s***:

megarreação, megassalário, megassoma.

Também não têm hífen:

megabloco, megaempresa, megafeira, megainvestidor, megaloja, megaoperação.

As normas oficiais são omissas a respeito, mas se recomenda o uso de hífen antes de ***a*** e ***h***:

mega-atleta, mega-hospital, mega-hotel.

105 A moça só usava "mini-saia".

O elemento de composição ***mini*** só se liga com hífen a palavras iniciadas por ***h*** e ***i***:

mini-homem, mini-hospital, mini-hotel, mini-impressora.

Nos demais casos, não se usa o hífen, duplicando-se o ***r*** e ***s***:

minianel, miniconta, minioperação, minirreforma, minissaia, miniusina.

106 Começa hoje o torneio "panamericano".

O prefixo ***pan*** liga-se com hífen a palavras principiadas por ***vogal***, ***h***, ***m*** e ***n***:

pan-americano, pan-europeu, pan-islâmico, pan-ortodoxo, pan-helenista, pan-mítico, pan-negritude.

Nos demais casos, não se usa o hífen:

pancontinental, panlatino, panromânico, pansexual, panteísmo.

107 Era considerado um "pseudo-jornalista".

Os prefixos ***pseudo*** e ***neo*** exigem hífen antes de ***h*** e ***o***:

pseudo-histórico, neo-hebraico, pseudo-operador, neo-ortodoxo.

Nos demais casos, não se usa o hífen, duplicando-se o ***r*** e ***s***:

pseudoartista, pseudobiológico, pseudociência, pseudoecológico, pseudointelectual, pseudojornalista, pseudorreforma, pseudossufixo, pseudotecido, neoaristotélico, neocolonial, neoexpressionista, neoimperialista, neolatino, neoliberal, neorrealismo, neossimbolismo, neozelandês.

108 A empresa vendia carros "semi-novos".

O prefixo ***semi*** exige hífen antes de ***h*** e ***i***:

semi-histórico, semi-intensivo.

Nos demais casos, não se usa o hífen, duplicando-se o ***r*** e ***s***:

semianalfabeto, semibárbaro, semicondutor, semielaborado, semifinal, seminovo, semiolímpico, semiparasita, semirreta, semisselvagem, semiúmido.

109 Achava que era um "superhomem".

Prefixos terminados em ***r*** ligam-se ao elemento seguinte com hífen quando este começa por ***h*** e ***r***:

hiper-humano, hiper-realismo, inter-helênico, inter-relação, super-homem, super-reativo.

Nos demais casos:

hiperativo, hiperinflação, hipermercado, interamericano, intermunicipal, interoceânico, superatleta, superintendente, superliquidação, superlotação.

REGÊNCIA

110 A decisão acarretou "em" prejuízos.

Uma decisão acarreta alguma coisa ou acarreta alguma coisa a alguém:

A decisão acarretou prejuízos.

O aumento dos impostos acarretou grandes sacrifícios aos contribuintes.

111 Agradeceu "o" amigo.

Agradece-se a alguém e se agradece alguma coisa:

Agradeceu ao amigo.

Agradeceu a atenção dos amigos.

Agradeceu aos pais a instrução recebida.

112 O gerente vai "aposentar" este ano.

Aposenta-se alguma coisa ou alguém se aposenta:

O executivo vai aposentar seus velhos ternos.

O gerente vai aposentar-se este ano.

113 Assistiu "o" programa.

Assistir, no sentido de presenciar, exige a preposição ***a***:

Assistiu ao programa.
Assistiu ao jogo.
Assistiu ao show.
Assistiu à TV.
Assistiu à missa.
Assistiu à sessão.

Como o verbo é indireto, não existem as formas "assistiu-o" (em relação ao programa) nem "o programa foi assistido".

Quando significa socorrer, dar assistência a, o verbo é direto e admite o particípio:

O médico assistiu o doente.
Os flagelados foram assistidos pelo governo.

114 Chegou "no" Brasil.

Verbos de movimento exigem ***a***, e não ***em***:

Chegou ao Brasil.
Chegaram à cidade.
Vai amanhã ao (e não "no") *cinema.*
Levou os filhos ao (e não "no") *circo.*

115 Ele comunicou "os amigos" da viagem.

Comunica-se alguma coisa a alguém, e não "comunica-se alguém de alguma coisa":

Ele comunicou a viagem aos amigos.

Da mesma forma, alguma coisa é comunicada, mas ninguém "é comunicado de alguma coisa":

As mudanças foram comunicadas aos funcionários (e não "os funcionários foram comunicados das mudanças").

Outros verbos podem substituir ***comunicar*** nesse caso:

Os funcionários foram informados (cientificados, notificados, avisados) das mudanças.

116 Conseguiu "com que" o contratassem.

Por influência de ***fazer com que***, os verbos ***conseguir***, ***permitir*** e ***evitar*** são empregados inadequadamente, muitas vezes, da mesma forma.

Dispense o ***com***, porém, nesses três casos:

O cineasta conseguiu que (e não "conseguiu com que") *seu filme fosse inscrito.*

É preciso evitar que (e não "evitar com que") *essas coisas ocorram.*

117 Ele contribuiu "com" o sucesso da festa.

Cooperar para que alguma coisa ocorra é ***contribuir para***:

Ele contribuiu para o sucesso da festa.

A imprensa contribuiu para a divulgação da campanha.

Contribuir com equivale a dar apoio material a:

Cada um vai contribuir com 5 mil reais.

Contribuiu com areia e cimento para a construção da igreja.

Contribuiu com dois artigos para o primeiro número da revista.

118 Ela deu a luz "a" uma menina.

A forma recomendável é ***dar à luz alguém***:

Ela deu à luz uma menina.

A moça deu à luz trigêmeos.

A artista estava prestes a dar à luz.

Construções como "deu à luz a uma menina" ou "deu a luz a uma menina" não seguem as normas gramaticais.

119 A seleção empatou "em" 3 a 3.

A preposição adequada a ***empatar*** é ***por***:

A seleção empatou por 3 a 3.

Se a seleção ***ganha*** e ***perde por***, também ***empata por***.

120 "Emprestei dele o livro".

Emprestar é ceder, e não tomar por empréstimo:

Peguei o livro dele emprestado.

Outro uso correto:

Vou emprestar o livro (*ceder*) *a um amigo.*

121 Estávamos "em" cinco no carro.

Frases desse tipo se constroem sem a preposição ***em***:

Estávamos cinco no carro.
Éramos seis.
Éramos oito à mesa.
Ficamos seis na sala.
Íamos quatro amigos pela estrada.

122 O árbitro favoreceu "ao" campeão.

Favorecer, no sentido de beneficiar, rejeita ***a***:

O árbitro favoreceu o campeão.

A decisão os favoreceu.

123 A decisão implicava "em" riscos.

Não se recomenda usar ***em*** com ***implicar*** no sentido de trazer como consequência:

A decisão implicava riscos.

O ***em*** é indicado quando se trata de envolver:

Implicaram-no no roubo.

Admite ***com*** quando significa antipatizar, provocar:

Implicava sempre com os colegas.

124 A exposição "inaugurou" ontem.

Alguém inaugura alguma coisa, mas alguma coisa se inaugura:

O comerciante inaugurou sua loja.

A exposição inaugurou-se ontem.

125 O torneio "inicia" domingo.

Alguém inicia alguma coisa ou alguma coisa se inicia:

O colégio iniciou as aulas de Educação Física.

O torneio inicia-se (e não "inicia") *domingo.*

126 Namorava "com" o vizinho.

Na linguagem formal, namora-se alguém, e não "com alguém":

Namorava o vizinho.

Namorava os discos daquele grupo.

127 O jogador foi negociado "para" o exterior.

Negocia-se ***com***, e não ***para***:

O jogador foi negociado com o exterior.

Negociou a casa com o vizinho.

Não negocia com pessoas pouco confiáveis.

128 A classe obedeceu "o" professor.

Obedecer e ***desobedecer*** constroem-se com a preposição ***a***:

A classe obedeceu (desobedeceu) ao professor.

A classe lhe (a ele) obedeceu (desobedeceu).

Use ***a*** também com ***agradar*** (no sentido de contentar) e ***desagradar***:

A exposição agradou (desagradou) aos visitantes.

A exposição lhes (a eles) agradou (desagradou).

129 "Pediu para" os alunos saírem.

Pedir para significa pedir permissão, apenas:

Pediu para sair mais cedo.

Pediu para ir ao cinema.

Nos demais casos, é ***pedir que*** a forma a usar:

A professora pediu que os alunos saíssem.

Pediu que todos fossem com ele ao jogo.

O delegado pediu que o acusador apresentasse a prova do crime.

130 Preferia almoçar "do que" jantar.

Prefere-se sempre uma coisa ***a*** outra:

Preferia almoçar a jantar.

Preferia peixe a frango.

Como o verbo já tem valor absoluto, não convém usar com ele as formas *antes*, *mais* ou *mil vezes*:

Prefere "antes" almoçar a jantar.

Preferia "mais" ir ao cinema a ver TV.

Prefere "mil vezes" brincar a estudar.

O *antes,* o *mais* e o *mil vezes* estão sobrando.

É preferível também se constrói com a preposição ***a***:

É preferível insistir a desistir.

131 Reside "à" Rua Augusta.

Com ***residir*** e ***morar***, use ***em***, e não ***a***:

Reside na Rua Augusta.

Mora na Avenida Ipiranga.

Faça o mesmo com morador e residente:

José, morador na Rua Augusta...

Pedro, residente na Avenida Ipiranga...

132 Sentaram "na" mesa.

Sentar-se (ou ***sentar***) ***em*** é sentar-se em cima de. Veja a construção recomendável:

Sentaram-se à mesa para conversar.

Sentou ao piano, à máquina, ao computador.

133 A vítima foi socorrida "ao" Hospital das Clínicas.

Uma pessoa é socorrida ***em*** algum lugar, e não ***a*** nem ***para***:

A vítima foi socorrida no Hospital das Clínicas.

Outra forma viável:

A vítima foi levada ao Hospital Municipal para ser socorrida.

134 O filho sucedeu "o" pai na firma.

Quando significa substituir, ***suceder*** exige ***a***:

O filho sucedeu ao pai na firma.

Os gerentes lhes (a eles) sucederam na empresa.

O mesmo ocorre com ***aspirar*** como desejar muito:

Aspirava ao cargo de diretor.

135 Vai "para o" litoral no fim de semana.

Existe diferença em ***ir a*** e ***ir para***. Quem ***vai a*** vai e volta logo:

Vai ao litoral no fim de semana.

Quem ***vai para*** vai e fica por algum tempo:

Vai para os EUA fazer doutorado.

136 A moeda do país "valorizou" em relação ao dólar.

Alguém valoriza alguma coisa ou alguma coisa se valoriza:

O governo valorizou artificialmente a moeda.

A moeda do país valorizou-se em relação ao dólar.

Desvalorizar segue o mesmo modelo:

O governo desvalorizou a moeda.

O dinheiro se desvaloriza em época de inflação.

LOCUÇÕES

137 Conseguiu uma TV "a cores".

A locução é ***em cores***:

Conseguiu uma TV em cores (não se diz "TV a preto e branco").

Também: *transmissão em cores, desenho em cores.*

138 O mercado fazia entregas "a domicílio".

A preposição é ***em***: ***entregas em domicílio***. Afinal, as entregas são realizadas *em casa, no escritório, no apartamento, na empresa*, etc.:

O mercado fazia entregas em domicílio.

Só convém empregar ***a*** com verbos de movimento:

Levou as compras a domicílio.

139 Era, "a" grosso modo, o melhor.

A locução não tem o ***a***:

Era, grosso modo, o melhor.

Explicou, grosso modo, como seria a reunião.

Havia, grosso modo, dez pessoas na sala.

140 Piorava "à medida em que" o tempo passava.

A locução é ***à medida que***:

Piorava à medida que (à proporção que) o tempo passava.

Existe ainda ***na medida em que*** (*tendo em vista que*):

É preciso cumprir as leis, na medida em que elas existem.

141 O Ministério esteve "ao ponto de" cair.

É ***a ponto de*** (e não "ao ponto de") a locução que significa na iminência de, prestes a, a tal ponto que e de tal forma:

O Ministério esteve a ponto de cair.

Ficou assustado a ponto de perder a voz.

Bebeu a ponto de perder a consciência.

Ficou irritado a ponto de quase explodir.

Só se deve empregar ***ao ponto*** (***de***) quando o ***ponto***, na frase, indica uma situação real:

A água chegou ao ponto de ebulição.

Retornaram ao ponto de partida.

Gostava da carne ao ponto.

142 Ele, "a princípio", é o melhor de todos.

A palavra ***princípio*** forma três locuções.

A princípio significa no início:

Ele, a princípio (no começo), foi contra a ideia.

Já ***em princípio*** quer dizer em tese, de modo geral:

Ele, em princípio (em tese), é o melhor de todos.

Todos, em princípio (em tese), são iguais perante a lei.

Em princípio (de modo geral), todos o estimavam.

Existe ainda uma terceira forma, ***por princípio***, equivalente a por convicção:

Por princípio (por convicção), não tolero pessoas racistas.

143 Vive "às custas" do governo.

Custas são despesas judiciais, apenas. Por isso:

Vive à custa do governo.

Faz concessões à custa da honra.

144 O prêmio veio "de encontro à" sua expectativa.

Ao encontro de é que define uma situação favorável:

O prêmio veio ao encontro da sua expectativa (*o satisfez*).

Dirigiu-se ao encontro do pai.

De encontro a expressa choque, condição contrária:

A demissão veio de encontro aos (*contra*) *seus planos.*

O carro foi de encontro ao (*chocou-se contra o*) *muro.*

145 Disse tudo, "em" alto e bom som.

Não existe o ***em*** antes de ***alto e bom som***:

Disse tudo, alto e bom som.

Proclamaram alto e bom som que a situação havia mudado.

146 Blusa "em" seda.

Usa-se ***de***, e não ***em***, para definir o material de que alguma coisa é feita:

blusa de seda, camisa de algodão,
corrente de ouro, casa de alvenaria.

147 Trata-se de uma espécie "em vias de" extinção.

A expressão é ***em via de*** (em caminho de), e não "em vias de":

Trata-se de uma espécie em via de extinção.
O trabalho estava em via de conclusão.

148 O dólar caiu "frente ao" euro.

Evite a locução ***frente a***, que muitos gramáticos rejeitam. Como opções, existem ***ante***, ***diante de*** e ***perante***:

O dólar caiu ante o euro.
Não sabia como proceder diante do juiz.
O atacante errou o chute diante do goleiro.

149 É rico, "haja visto" sua conta bancária.

A locução é ***haja vista*** e não varia:

É rico, haja vista sua conta bancária.
Haja vista a casa em que mora.
Haja vista aquelas acusações.
Haja vista tantos desmandos.

150 Comprou o DVD, "ao invés do" vídeo.

Ao invés de significa apenas ***ao contrário de***:

Ao invés de entrar, saiu.

Manteve-se calado, ao invés de proclamar sua vitória.

Em vez de é que indica substituição:

Comprou o DVD, em vez do vídeo.

Em vez de sentar-se na cadeira, preferiu o banco.

151 Pediu o empréstimo "junto ao" banco.

Pede-se um empréstimo ***ao banco***, e não "junto ao banco". Repare em outros usos inadequados de "junto a" e as opções para substituí-lo:

O recurso deu entrada no STF (e não "junto ao STF").

O jogador foi contratado do Cruzeiro (e não "junto ao Cruzeiro").

A empresa fez uma pesquisa com ou *entre os consumidores* (e não "junto aos consumidores").

O país asiático concluiu os entendimentos com o FMI (e não "junto ao FMI").

FALSAS GÊMEAS

152 Partiu "a" dois dias e voltará daqui "há" uma hora.

Há indica ***passado*** e equivale a ***faz***, enquanto ***a*** exprime ***distância*** ou ***tempo futuro*** (não pode ser substituído por ***faz***):

Partiu há (passado = *faz*) *dois dias e voltará daqui a* (tempo futuro) *uma hora.*

A polícia estava a (distância) *20 metros do assaltante.*

Ele saiu há (*faz*) *cerca de dez dias.*

153 Todos tomaram "acento" à mesa.

Acento, com ***c***, é o sinal gráfico:

Próximo tem acento agudo.

O lugar em que alguém se senta é ***assento*** (repare: ***assento*** – ***senta***):

Todos tomaram assento à mesa.

Era um assento muito desconfortável.

154 Chegue cedo, "afim de" não perder o show.

A expressão equivalente a ***para*** é ***a fim de***, em três palavras:

Chegue cedo, a fim de não perder o show.

O pai lhe deu dinheiro a fim de que fizesse a viagem.

Com o verbo ***estar***, a expressão equivale, na linguagem coloquial, a ter vontade de:

Estava a fim de fazer a viagem.

Estava a fim de namorar a moça.

Em uma palavra só, ***afim*** significa semelhante ou parente que não tem o mesmo sangue:

Eles têm ideias afins (semelhantes).

O português é um idioma afim do espanhol.

155 Não sei "aonde" ele mora.

Com verbos que indicam situação estática, usa-se ***onde***:

Não sei onde ele mora.

Não sei onde ele está.

Aonde se emprega com verbos de movimento:

Não sei aonde ele quer chegar.

Aonde vamos?

156 A Justiça "caçou" a liminar.

Revogar é ***cassar***, com ***ss***:

A Justiça cassou a liminar.

A Mesa cassou a palavra do orador.

Caçar, com ***ç***, equivale a procurar:

A polícia caçou o criminoso no morro.

Os amigos gostavam de caçar perdizes.

157 Tinha um belo piano de "calda".

O rabo ou apêndice é ***cauda***:

Tinha um belo piano de cauda.

A caixa-preta estava perto da cauda do avião.

O cão abanou a cauda.

Calda é a solução de açúcar: *doce em calda, calda de caramelo.*

158 Pôs a "cela" no cavalo.

A armação de montar é a ***sela***:

Pôs a sela no cavalo.

Não usava sela para montar.

Cela é um aposento de convento ou penitenciária:

Visitou a cela do frade.

Estava superlotada a cela dos condenados.

159 A inflação pôs a economia "em cheque".

Cheque, com *ch*, é apenas o documento bancário:

Emitiu um cheque ao portador.

Já ***xeque*** é o lance do xadrez em que o rei fica ameaçado. A semelhança da situação fez com que ***pôr em xeque***, com *x*, passasse a significar ameaçar, pôr em dúvida o valor de:

A inflação pôs a economia em xeque.

O político pôs o adversário em xeque.

A situação dos diretores estava em xeque na empresa.

160 Queria "comprimentar" os colegas.

De ***cumprimento***, saudação, resulta ***cumprimentar*** (e nunca "comprimentar"):

Queria cumprimentar os colegas.

Além de saudação, ***cumprimento*** equivale ao ato de cumprir alguma coisa:

cumprimento cerimonioso,

cumprimento da lei, dever cumprido.

Comprimento equivale a extensão:

O caminhão tinha 15 metros de comprimento.

Era um trajeto comprido.

161 Sua "dispensa" estava sempre cheia.

O local onde se guardam mantimentos é ***despensa***:

Sua despensa estava sempre cheia.

Dispensa equivale a licença, permissão ou demissão:

Pediu dispensa do serviço.

A empresa iniciou a dispensa dos funcionários.

Outras palavras com ***e*** e ***i***: *descrição* (narrativa), *discrição* (reserva); *recrear* (divertir), *recriar* (criar de novo).

162 A família se muda "essa" semana.

É ***este*** que designa o tempo no qual se está ou objeto próximo:

A família se muda esta semana.

Da mesma forma: *esta noite* (a noite em que se está), *este dia*, *este mês* (o mês atual), *este jornal* (o jornal que estou lendo), *esta empresa* (aquela em que trabalho).

163 "Taxaram-no" de corrupto.

Tachar, com ***ch***, é que significa acusar de:

Tacharam-no de corrupto.

Foi tachado de leviano.

164 Detestava peixe com "espinhos".

Peixe tem ***espinha***, e não "espinho":

Detestava peixe com espinhas.

Repare em outras confusões desse tipo:

O "fuzil" (fusível) queimou.

Casa "germinada" (geminada).

"Ciclo" (círculo) vicioso.

"Cabeçário" (cabeçalho).

165 Era político de "extrema-direita".

A tendência política não tem hífen:

Era político de extrema direita.

Já militou na extrema esquerda.

O hífen aparece na antiga posição futebolística:

Garrincha foi um grande extrema-direita.

Jogou sempre na extrema-esquerda.

166 "Inflingiram" as normas.

Infringir é que significa transgredir:

Infringiu as normas, o regulamento.

Infligir (e não "inflingir") equivale a impor:

Infligiu derrota ao adversário.

167 Houve grave "incidente" na estrada.

Incidente é um fato secundário, peripécia, desinteligência:

Houve um incidente entre os dois deputados.

O incidente levou-os a romper a amizade.

Acidente é que corresponde a acontecimento imprevisto ou infeliz, desastre:

Houve grave acidente na estrada.

O acidente de avião provocou 50 mortes.

Ninguém se feriu no acidente.

Evitar acidentes é dever de todos.

A palavra pode também ser empregada em expressões como *acidente de trabalho, acidente pós-operatório*, etc.

168 O deputado perdeu o "mandado".

Na verdade, o deputado perdeu o ***mandato***. Esta palavra é que significa delegação, representação que o político obtém pelo voto:

A Câmara cassou o mandato do deputado.

Muitos políticos renunciaram para não perder o mandato.

(***Mandado*** é uma ordem judicial: *mandado de segurança, mandado de busca e apreensão*).

169 "Mal gosto", "mau-intencionado".

Mal se opõe a ***bem*** e ***mau***, a ***bom***:

mal-intencionado (*bem-intencionado*), *mau gosto* (*bom gosto*), *mau humor* (*bom humor*), *mal-estar* (*bem-estar*), *mal-humorado* (*bem-humorado*).

170 Por "hora", não pretende se mudar.

A locução correspondente a por enquanto, no momento é ***por ora*** (por agora):

Por ora, não pretende se mudar.

Vai manter a assinatura da revista, por ora.

Por hora significa por 60 minutos:

Passavam pelo pedágio 5 mil carros por hora.

A velocidade máxima era de 100 quilômetros por hora.

171 A modelo "pousou" na neve.

A modelo ***posou*** (de ***pose***). Quem ***pousa*** é ave, avião, viajante, etc.:

A ave pousou no galho.
O avião pousou sem problemas.
A comitiva ia pousar no hotel.

Não confunda também ***iminente*** (prestes a acontecer) com ***eminente*** (ilustre):

O perigo de desabamento era iminente.
Tratava-se de um jurista eminente.

172 A "seção" começa às 8 horas.

Sessão é que equivale ao tempo que dura uma reunião, função:

A sessão começa às 8 horas.
Aquela era a última sessão do cinema.
Assistiu à sessão da Câmara.

Seção significa divisão, repartição:

Seção Eleitoral, Seção de Política, seção de eletrônicos.

E ***cessão*** é o ato de ceder:

cessão de direitos autorais.

173 Ficou "sobre" grande tensão.

Sob é que significa debaixo de:

Ficou sob grande tensão.

Escondeu-se sob a cama.

Sobre quer dizer em cima de ou a respeito de:

Estava sobre o telhado.

Falou sobre a inflação.

174 O "tráfico" estava lento.

Tráfico designa negócio escuso:

tráfico de drogas, tráfico de influência, tráfico de escravos.

Tráfego é que é sinônimo de trânsito:

tráfego lento, tráfego de caminhões.

175 Dinheiro não "trás" felicidade.

De ***trazer*** resulta ***traz***:

Dinheiro não traz felicidade.

Ousadia sempre traz riscos.

Trás corresponde a atrás:

Chegue para trás.

Vá para trás.

176 Espero que "viagem" logo.

Viagem, com ***g***, é o substantivo:

Vai começar a longa viagem.

A forma verbal é ***viajem*** (de ***viajar***):

Espero que viajem logo.

FORMAS VERBAIS

177 Não se "adequam" ao cargo.

Não existem as formas "adequa", "adequam", "adeque", "adequem", etc., mas apenas aquelas em que a sílaba mais forte inclui o ***a*** ou ***o***:

adequaram, *adequou*, *adequasse*, etc.

178 Ele "aprendeu trabalhar" bem.

Existem verbos na língua portuguesa que, apesar de não acompanhados normalmente de preposição, exigem esse tipo de palavra antes do infinitivo.

Aprender, ***ensinar***, ***forçar***, ***obrigar*** e ***convidar*** são alguns deles:

Ele aprendeu um novo ofício.

Ele aprendeu a trabalhar bem.

O chefe ensinou a tarefa.

A vida ensina a conhecer as pessoas.
Forçou o amigo a renunciar.
Obrigou o amigo a dizer a verdade.
Convidou a namorada a sair.

179 Os países "tem" interesses.

Tem é o singular e ***têm***, o plural:

Um país tem interesses.
Os clubes têm dificuldades para contratar jogadores.

O mesmo ocorre com ***vem*** e ***vêm***:

O pai vem sempre aqui, mas os filhos só vêm aos domingos.

180 A empresa "começou pagar" suas dívidas.

Os verbos ***começar*** e ***principiar*** exigem a preposição ***a*** antes do infinitivo:

A empresa começou a pagar suas dívidas.
Ele começou o trabalho esta semana.
O escritor começou a escrever seu novo romance.
O Congresso principiou a votação do projeto.
O deputado principiou a preparar seu discurso.

181 Ele "se confraternizou" com todos.

Confraternizar dispensa o pronome ***se***:

Ele confraternizou com todos.

Os participantes do Congresso vão confraternizar uns com os outros.

Ele confraternizava até com os adversários.

Depois da ceia de ano-novo, todos vão confraternizar.

182 O Tietê "desagua" no Paraná.*

Desaguar deriva, em todos os tempos e pessoas, de ***aguar***.

O Tietê deságua no Paraná.

As moças águam os canteiros.

O Negro e o Madeira deságuam no Amazonas.

183 Você quer que eu "digo"?

O adequado: *Você quer que eu diga?*

Recomendação, suposição, dúvida, desejo e opinião são expressos pelo ***subjuntivo***:

Acredito que seja o melhor.

Temia que o plano não desse certo.

Pediu que você ficasse.

Duvido que ele venha hoje.

---

* O Acordo Ortográico (Base X, 7.0) admite dupla grafia: agua/água, desagua/deságua, etc. No entanto, levando em conta a pronúncia adotada no Brasil e a regra de acentuação das chamadas proparoxítonas aparentes (Base XI, 1.0 , "b"), recomenda-se o uso do acento. (N. da E.)

184 Vou "estar enviando" amanhã.

Evite o uso do gerúndio para expressar o futuro (o chamado gerundismo):

Vou enviar (e não "vou estar enviando") *amanhã.*

O contribuinte pode pagar (e não "pode estar pagando") *o imposto até sexta-feira.*

185 Cuidado que eu "expludo".

Explodir só tem as formas em que depois do ***d*** vem ***e*** ou ***i***: *explode*, *explodiram*, *explodisse*, etc. Portanto, substitua "exploda" ou "expluda" por *rebente*, *estoure*, etc.

186 Não "faz" assim!

O imperativo negativo é todo tirado do ***subjuntivo***:

Não faça assim.

Não traga problemas.

Não reclames, rapaz.

187 Eles "fizerão" muito barulho ontem.

Nos verbos, ***ão*** é a terminação do futuro e ***am***, do passado:

Eles farão o serviço na próxima semana.

Eles fizeram muito barulho ontem.

Os meninos comeram muito no almoço.

Não sabe o que os meninos comerão amanhã.

188 A ONU "intermedia" conflitos.

Mediar e ***intermediar*** se conjugam como ***odiar***:

Empresários medeiam negócios.
A ONU intermedeia conflitos.

189 O Estado "interviu" na entidade.

Intervir conjuga-se como ***vir***:

O Estado interveio na entidade.

Da mesma forma:

ele intervinha, eu intervim,
nós interviemos, eles intervieram,
se ele interviesse,
eles tinham intervindo.

190 Nega que "é" acomodado.

Negar que introduz subjuntivo, assim como ***embora*** e ***talvez***:

Nega que seja acomodado.
Negou que vá viajar nos próximos dias.
Negaram que tivessem atrasado o serviço.
Talvez nos traga um presente.
Embora estude muito, tira notas baixas.

191 Os homens "põe" e Deus dispõe.

Põe é a forma do singular e ***põem***, a do plural:

Os homens põem e Deus dispõe.

A norma vale para os ***derivados*** de ***pôr***:

O que o advogado expõe na petição?

Os réus não dispõem de recursos.

Bons deputados propõem iniciativas úteis.

192 "Possue" uma bela casa.

O certo:

Possui uma bela casa.

Verbos em ***uir*** só têm a terminação ***ui***:

exclui, distribui, polui, constitui, influi, inclui.

Verbos em ***uar*** é que admitem ***ue***:

continue, recue, situe, atenue, atue, acentue.

193 Se ele "predizer"...

Trata-se do futuro do subjuntivo:

Se ele predisser...

Outras flexões de verbos:

pressupuser, desdisser, convier, perfizer, entrevir, etc.

194 "Quiz" sair antes.

Só existe ***s***, e não ***z***, nas flexões de ***querer*** e ***pôr***:

quis, quisesse, quiseram, quiséssemos;
puseram, pôs, pus, pusesse, puséssemos.

195 Não gostaria que o "receiassem".

O ***i*** está sobrando:

Não gostaria que o receassem.

Igualmente:

passeemos, enfearam, ceaste, receeis, estreou.

Só existe ***i*** quando a sílaba mais forte inclui o ***e*** que precede a terminação ***ear***:

ceie, receiem, passeias, enfeiam.

196 Nada "remedia" seu pesar.

Remediar, ***ansiar*** e ***incendiar*** se conjugam como ***odiar***:

Nada remedeia seu pesar.
Ela anseia, eles incendeiam.

As iniciais dos verbos que seguem o modelo de ***odiar*** formam o nome MARIO:

M-ediar, ***A-nsiar***, ***R-emediar***, ***I-ncendiar*** e ***O-diar***.

197 O corpo "retia" água.

Reter segue a conjugação de ***ter***:

O corpo retinha água.

Atente para outros derivados:

mantivesse (e não "mantesse"),
reteve (e não "reteu"),
contivera (e não "contera").

198 Ninguém "reavê" o tempo.

O recomendável:

Ninguém recupera o tempo.

Reaver somente se conjuga nas formas em que ***haver*** tem a letra ***v***:

reavemos, reouve, reaverá,
reaveria, reouvesse
(e não "reavejo", "reavê",
"reaveu", "reavesse", etc.).

199 Tinha "suspenso" as obras.

Com ***ter*** e ***haver***, use o particípio ***regular***:

Tinha suspendido as obras.

Com ***ser*** e ***estar***, use o particípio ***irregular***:

As obras foram suspensas.

Outras formas: *tinha aceitado/foi aceito, tinha elegido/foi eleito, tinha expulsado/foi expulso, tinha imprimido/foi impresso.*

Já se admite o uso de ***ganho***, ***gasto*** e ***pago*** tanto com ***ter*** como com ***ser***:

tinha ganho/foi ganho,
tinha gasto/foi gasto e
tinha pago/foi pago.

200 A carne "contêm" proteínas.

Nos derivados de ***ter*** e ***vir***, o singular termina em ***ém*** e o plural, em ***êm***:

A carne contém proteínas.
Os homens mantêm esperanças.
Acidentes sobrevêm.

201 "Vem" você também.

Vem é imperativo da 2.ª pessoa (***tu***). Para a 3.ª pessoa (***você***), o recomendável é ***venha***:

Venha você também.

Igualmente:

Estude com afinco.
Chegue aqui.
Tome o remédio indicado.

202 Se você o "ver" por aí...

Trata-se do futuro do subjuntivo:

Se você o vir, revir, previr (de ***ver***).

Assim como:

se eu vier, convier (de ***vir***);

se eu detiver, mantiver (de ***ter***);

se ele impuser, dispuser (de ***pôr***);

se ele satisfizer,

se nós perfizermos (de ***fazer***).

203 O decreto "vigiu" por dois anos.

O verbo é ***viger***, e não ***vigir***:

O decreto vigeu por dois anos.

Esses princípios vigerão durante duas legislaturas.

É polêmica a moral que vige no país.

A medida tinha vigido durante dez anos.

MASCULINO/FEMININO

204 Convidou "duzentos e cinquenta pessoas".

Os números, de ***duzentos*** a ***novecentos***, concordam com o substantivo a que se referem:

duzentas e cinquenta pessoas,
trezentas e uma crianças,
quatrocentas e duas ligações,
quinhentas e vinte alunas,
seiscentas e quarenta obras,
setecentas e duas fórmulas,
oitocentas e quarenta e seis palavras,
novecentas e trinta inscritas.

Repare também nesta forma:

duas mil duzentas e vinte e duas espécies.

205 Vitamina C de "duas" gramas.

Grama, medida de massa, é termo masculino:

A vitamina C era de dois gramas.
Duzentos gramas de presunto,
um grama de ouro.

A ***relva*** é que é feminina:

Já plantou a grama.

206 Medidas "econômicas-financeiras".

Nos ***adjetivos compostos*** (constituídos de dois ou mais adjetivos ligados por hífen), só o último elemento varia:

medidas econômico-financeiras,
acordos político-partidários,
partidos social-democratas.

207 Ela é uma "monstra" no palco.

A palavra não tem feminino:

A artista é um monstro na arte de representar.

(Da mesma forma: *A cantora é o ídolo* (e não "a ídola") *das crianças*).

Há femininos que não convém usar porque, apesar de registrados em alguns dicionários, não têm grande aceitação. Entre eles estão *chefa*, *membra*, *hóspeda* e *oficiala*.

208 Havia "um" agravante.

Agravante é palavra feminina, assim como ***atenuante***:

Havia uma agravante (ou *uma atenuante*).

Outras palavras femininas:

a alface, a cal, a bacanal, a ferrugem.

209 Tomou "uma" guaraná.

A bebida e o fruto são masculinos:

Tomou um guaraná.

O mesmo ocorre com ***champanhe***:

Sirva o champanhe bem gelado.

210 Expressou "sua" dó "numa" telefonema.

Dó e ***telefonema*** são palavras masculinas:

Tinha muito dó do mendigo.

Recebeu um telefonema urgente.

211 A moça era muito "pão-dura".

Pão-duro varia no plural, mas não no feminino:

moça pão-duro

(a concordância é de *pão* com *duro*),

homens pães-duros, moças pães-duros.

O mesmo ocorre com ***pé-frio***:

moça pé-frio,

homens pés-frios,

moças pés-frios.

212 A batida foi causada "pela lotação".

Lotação, veículo, é palavra masculina por se tratar de redução de ***autolotação***:

Cidadãos são a favor dos lotações.

Sônia Braga é a estrela de A Dama do Lotação.

Como sinônimo de ***capacidade***, o vocábulo é feminino:

O ônibus estava com a lotação completa.

213 Morava "no" Grande São Paulo.

Por estar clara a ideia de ***cidade***, a concordância se faz no feminino:

Guarulhos é um município da Grande São Paulo.

Conhecia bem a Grande Nova York.

São exceções os nomes de cidades precedidos do artigo ***o***:

Nova Iguaçu fica no Grande Rio.

O Grande Porto, o Grande Cairo.

214 Tinha "menas" vontade.

Menos é invariável:

Tinha menos vontade.

Havia menos alunas que alunos.

EVITE A TODO O CUSTO

215 Quando "estiver" saído da cidade.

Nunca confunda ***tiver*** e ***tivesse*** com ***estiver*** e ***estivesse***. Dica: ***tiver*** e ***tivesse*** podem ser substituídos por ***houver*** e ***houvesse***. Assim:

Quando tiver (*houver*) *saído da cidade.*
Quando estiver na rua.
Se tivesse (*houvesse*) *chegado antes.*
Se estivesse em dia favorável.

216 Que "seje" feliz.

O subjuntivo de ***ser*** e ***estar*** é ***seja*** e ***esteja***:

Que seja (e nunca "seje") *feliz.*
É preciso que esteja (e nunca "esteje") *sempre atento.*

217 O assaltante é "de menor".

O ***de*** não existe:

O assaltante é menor.
Ficou livre porque era menor.

218 A gente "saímos" cedo.

A concordância de ***a gente*** é na 3.ª pessoa do singular:

A gente saiu cedo.

E também:

O pessoal chegou (e nunca "chegaram").

A turma falou.

O casal Pedro e Josefa veio cedo.

219 De "formas" que.

Locuções desse tipo não têm ***s***: *de forma que, de maneira que, de modo que.*

220 Ficamos fora de "si".

Os pronomes combinam com a flexão verbal (fiquei, *mim*; ficaste, *ti*; ficou, *si*; ficamos, *nós*; ficastes, *vós*; ficaram, *si*):

Fiquei fora de mim. Ficaste fora de ti.

Ficou fora de si. Ficamos fora de nós.

Ficastes fora de vós. Ficaram fora de si.

Da mesma forma:

Dei o melhor de mim.

Demos o melhor de nós.

Deram o melhor de si.

221 Acredito "de" que.

Evite o vício de agregar o ***de que*** a qualquer verbo:

acredito que,
penso que (e não "penso de que"),
julgo que (e nunca "julgo de que"),
disse que, etc.

222 Ele "houve" muito mal.

A confusão está-se tornando muito comum. O certo é:

Ele ouve (de *ouvir*) *muito mal.*

Houve é forma de ***haver***:

Houve muita chuva esta semana.

223 É pesado, "mais" tem agilidade.

É ***mas*** que indica ressalva, restrição:

É pesado, mas tem agilidade.
Bonitinha mas Ordinária.
Alertou para o perigo, mas não o levaram a sério.

224 "Haja" logo, não "exite".

Procure escrever certo:

Aja (de *agir*) *logo, não hesite.*

Veja outros erros graves de grafia e, entre parênteses, a forma correta:

"areoporto" (*aeroporto*), "metereologia" (*meteorologia*), "deiche" (*deixe*), "enchergar" (*enxergar*), "exiga" (*exija*).

225 A "perca" da mãe o abalou.

Foi ***a perda*** que o abalou. Outro exemplo:

Sofreu grande perda com a enchente.

Use ***perca*** apenas como forma verbal:

Receio que perca a cabeça.

226 Ficou rico "por causa que" ganhou na loteria.

Apesar de popular, a locução não existe. Use ***porque***:

Ficou rico porque ganhou na loteria.

227 O aluno tinha "chego" atrasado.

O particípio de ***chegar*** é ***chegado***, apenas, e não ***chego***:

O aluno tinha chegado atrasado.

Da mesma forma, ***trazer*** e ***falar*** resultam em ***trazido*** e ***falado*** (e nunca em "trago" e "falo"):

O menino tinha trazido a encomenda.

Ninguém tinha falado no assunto.

228 Pegou cinco dias de "suspenção".

Usa-se ***s*** nos vocábulos relacionados com verbos terminados em ***ender***:

Pegou cinco dias de suspensão.

Da mesma forma:

apreender, apreensão, apreensivo;
compreender, compreensão, compreensivo;
pretender, pretensão, pretensioso, despretensioso.

USO DA CRASE

229 Andar "à pé".

Não existe crase antes de palavra masculina, a menos que estejam implícitos os vocábulos ***moda*** e ***maneira*** ou qualquer outro que indique nome de ***empresa*** ou ***coisa***:

Comeu um filé à (moda) milanesa.
Era um estilo à (maneira de) Saramago.
Referiu-se à (nave) Apolo.
Vou à (editora) Rocco.

Nos demais casos:

andar a pé ou *a cavalo,*
entrar a bordo,
vestir-se a caráter,
traje a rigor,
frango a passarinho.

230 Camisas "à" partir de R$ 15,00.

Também não existe crase antes de verbo:

camisas a partir de R$ 15,00,
contas a pagar, algo a dizer.

231 Vai amanhã "à" Brasília.

Normalmente não se usa crase antes de nome de cidade:

Vai amanhã a Brasília.

Exceções: quando a palavra ***cidade*** faz parte do nome do lugar e quando se atribui uma qualidade ao lugar:

Fez referência à Cidade do México
Iremos à Roma do Coliseu.
Imaginou-se de volta à Liverpool dos Beatles.

232 Ficaram frente "à" frente.

Não se marca com o sinal da crase o ***a*** que liga palavras repetidas:

Ficaram frente a frente.
Estavam cara a cara com o perigo.
O líquido pingava gota a gota.
A propaganda foi feita boca a boca.

233 Escreverei "à" Vossa Excelência.

Não existe crase antes de formas de tratamento reverenciosas:

Escreverei a Vossa Excelência.
Entreguem o livro a Sua Majestade.
Não me dirigi a Vossa Senhoria.

234 Foi "à" uma festa.

Não se usa crase antes do artigo ***uma***:

Foi a uma festa.
Agradou a uma plateia exigente.

Só há crase quando ***uma*** define hora e na locução ***à uma***, que significa ao mesmo tempo:

Chegou à uma hora.
Todos, à uma, se levantaram.

235 Todos são iguais perante "à" lei.

Não se usa crase depois de preposição que não seja ***a***:

Todos são iguais perante a lei.

Gostava de ler desde a infância.

O jogo foi marcado para as 16 horas.

Com ***até***, a crase é facultativa:

Queria ir até a (ou *à*) *última instância.*

236 Não me referi "aquele" livro.

O ***a*** preposição se funde com o ***a*** inicial de ***aquele***, ***aquela***, ***aqueles***, ***aquelas*** e ***aquilo***:

Não me referi àquele livro.

Enviou a carta àquelas amigas.

Não deu importância àquilo.

QUESTÕES DIVERSAS

237 "Porque" ele demorou?

Use ***por que***, separado, sempre que estiverem claras ou implícitas as palavras razão, causa e motivo:

Por que (razão) *ele demorou?*
Queria saber por que (motivo) *ele não chegava.*
Não sei por que (razão) *fez tanto barulho.*
Não há por que (motivo) *continuar o trabalho.*
Eis por que (causa) *o menino se machucou.*

238 Esse é o ideal "porque" tanto lutou.

Também se usa ***por que***, separado, quando equivale a ***pelo qual*** e flexões:

Esse é o ideal por que (pelo qual) *tanto lutou.*
Eram as moças por que (pelas quais) *se interessavam.*

239 Recusou o cargo e não disse "por que".

O ***por que*** separado leva acento quando vem no fim da frase:

Recusou o cargo e não disse por quê.
Eles se agrediram, meu Deus, por quê?

240 Demorou "por que" perdeu o ônibus.

Nas respostas ou explicações, usa-se ***porque***, numa palavra só:

Demorou porque perdeu o ônibus.

O jogo foi adiado porque choveu muito.

241 Ninguém sabia o "por que" do seu ato.

Quando substitui as palavras razão, causa ou motivo, a forma indicada é ***porquê***, numa palavra só e com acento:

Ninguém sabia o porquê (a razão) *do seu ato.*

Havia muitos porquês (razões) *no caso.*

242 Você não veio "por que" choveu?

Usa-se ***porque***, numa palavra só, quando se faz uma pergunta e se sugere uma resposta ao mesmo tempo:

Você não veio porque perdeu o ônibus?

Ele foi contratado porque era muito capaz?

243 "A casa de pedra, ameaçava desabar".

Não se separa com vírgula o sujeito do verbo:

A casa de pedra ameaçava desabar.

244 "O governo queria, aumentar o imposto".

Também não se separa com vírgula o verbo do complemento:

O governo queria aumentar o imposto.

245 O ingresso é "gratuíto".

A pronúncia de ***gratuito*** é "*gratúito*", assim como a de ***circuito*** é "*circúito*", a de ***intuito*** é "*intúito*" e a de ***fortuito*** é "*fortúito*". O acento não existe.

246 Trocou o "fluído" do freio.

A pronúncia é "*flúido*":

fluido para freio, pensamentos fluidos.

Fluído é particípio de ***fluir***:

O trânsito havia fluído bem.

247 O atleta bateu o "récorde".

A pronúncia é "*recórde*":

O atleta bateu o recorde.

Era uma concentração recorde de pessoas.

Igualmente:

condor ("*condôr*"), ***avaro*** ("*aváro*"), ***ibero*** ("*ibéro*").

248 Fuja do "Sol" do meio-dia.

Sol só tem inicial maiúscula quando designa o astro:

Os EUA enviaram uma sonda ao Sol.
O fotógrafo registrou o eclipse do Sol.

Se a referência for à luz do Sol, ao lugar iluminado por ele ou aos sentidos figurados da palavra, então a inicial é minúscula:

Ficou com o corpo tostado pelo sol.
É prudente evitar o sol do meio-dia.
A casa era bem iluminada pelo sol.
O sol da liberdade, em raios fúlgidos, brilhou no céu da Pátria.

249 A escola abriu "cerca de 19" vagas.

Cerca de indica arredondamento e não deve aparecer com números exatos. Construção adequada:

A escola abriu cerca de 20 vagas.

O mesmo se dá com ***perto de*** e ***aproximadamente***:

A escola abriu perto de (ou *aproxidamadamente*) *20 vagas.*

250 O caso não tem nada "haver" com ele.

O caso, na verdade, não tem nada ***a ver*** ou nada ***que ver*** com ele. Da mesma forma:

O caso tem tudo a ver com você.

251 Esta é a cidade "que" ele gosta.

Como se ***gosta de***, o recomendável é dizer:

Esta é a cidade de que ele gosta.

Igualmente:

O espetáculo a que eles assistiram (assiste-se a).

Os recursos de que dispõe (dispõe-se de).

O trabalho de que participou (participa-se de).

252 No caso "dos" homens saírem...

Convém evitar a contração da preposição com artigo ou pronome antes de infinitivo, por se tratar de construção condenada por alguns gramáticos:

No caso de os homens saírem...

É o momento de eles se apresentarem...

Antes de esses fatos terem ocorrido...

253 O Brasil é a "bola da vez".

Evite expressões que já se tornaram demais desgastadas e batidas, como:

bola da vez, *fazer a lição de casa*,
arrebentar a boca do balão,
estar a mil ou *com a corda toda*,
fechar com chave de ouro,
trancado a sete chaves,
pelo andar da carruagem,
em grande estilo,
depois de um longo e tenebroso inverno,
conquistar o seu espaço.

254 Chegue às 6 "hrs.".

As abreviaturas de hora, metro, quilo, litro, etc. não têm plural nem ponto:

8 h (e não "hrs."), *2 km* (quilômetros),
5 m (metros), *10 kg* (quilos), *5 l* (litros).

255 Não "se o" faz.

Não se deve juntar o ***se*** com os pronomes ***o***, ***a***, ***os*** e ***as***:

"Fazendo-se-os" (*fazendo-os*).
"Não se o faz" (*não se faz isso*).

256 O artista tinha nascido "no" Mato Grosso.

Não existe artigo, pois a lei criou os Estados ***de*** Mato Grosso e ***de*** Mato Grosso do Sul:

Veio de Mato Grosso.

Nasceu em Mato Grosso do Sul.

Os demais nomes de Estados sem artigo são: *Alagoas*, *Goiás*, *Minas Gerais*, *Pernambuco*, *Rondônia*, *Roraima*, *Santa Catarina*, *São Paulo* e *Sergipe*.

257 Licenciou o carro "em" Tocantins.

Existe artigo antes do nome do Estado do Tocantins, assim como do *Acre*, do *Amapá*, do *Amazonas*, da *Bahia*, do *Ceará*, do *Distrito Federal*, do *Espírito Santo*, do *Maranhão*, do *Pará*, da *Paraíba*, do *Paraná*, do *Piauí*, do *Rio de Janeiro*, do *Rio Grande do Norte* e do *Rio Grande do Sul*.

258 Era formado "em" engenheiro.

A pessoa se forma numa disciplina:

Era formado em engenharia, em medicina.

Ou *formou-se engenheiro, médico*, etc., sem a preposição ***em***.

Pode-se dizer também:

É formado pela USP.

259 Terminou a reunião "íbero"-americana.

A pronúncia correta é "*ibéro*":

Terminou a reunião ibero-americana.

Avaro ("*aváro*") também é palavra paroxítona:

O ancião era muito avaro.

260 A inflação foi de "4.6%".

Números decimais têm ***vírgula***, e não ***ponto***, no Brasil:

A inflação foi de 4,6%.

O terremoto atingiu 5,8 graus na escala Richter.

A venda de carros subiu 21,36% no ano.

O termômetro baixou a 5,6 graus negativos.

261 Ganha entre 4 "a" 5 mil reais.

Depois de ***entre***, usa-se ***e***, e não ***a***:

Ganha entre 5 e 6 mil reais.

Estavam ali entre 15 e 20 pessoas.

A idade dos candidatos variava entre 18 e 25 anos.

262 "Daonde" ele veio, "naonde" ele está.

As duas formas constituem aberrações linguísticas. Use ***de onde***, ***donde***, ***onde*** e ***aonde*** no lugar delas:

Não sei de onde (ou *donde*) *ele veio, nem onde ele está.*
Ninguém explicou donde os cães surgiram.
Levou a encomenda aonde ele mora.

263 O pagamento foi "postecipado".

Formado erradamente, como antônimo de ***antecipado***, "postecipado" não figura nos principais dicionários do idioma.

Assim, um pagamento pode ser:

adiado, *protelado* ou *postergado*
(e não "postecipado").

264 Em "ambos casos" ele foi avisado.

Quando precede substantivo, ***ambos*** exige o artigo definido:

Ficou embaraçado em ambas as questões.
Segurou o rosto com ambas as mãos.

Por já significar *os dois, um e outro*, evite as construções "ambos de dois" e "ambos os dois", apesar de elas aparecerem na linguagem popular e nos escritores clássicos.

265 Vai sempre a Aparecida "do Norte".

A sede de romarias, no Estado de São Paulo, é ***Aparecida***, apenas:

O papa Bento XVI visitou Aparecida.
Aparecida tem um famoso santuário.

266 Tinha o cabelo tingido de "caju".

A cor avermelhada é ***acaju*** (da cor da madeira do mogno):

Tingiu os cabelos de acaju.
Escolheu o tom acaju para pintar os cabelos.

267 Elogiou o governador "carioca".

Carioca refere-se à cidade do Rio de Janeiro. Por isso, *o prefeito é carioca*, da mesma forma que que se fala na *vida carioca* e nas *praias* ou *morros cariocas*.

Fluminense é que designa alguma coisa relativa ao Estado do Rio de Janeiro:

Elogiou o governador fluminense.

Os municípios fluminenses receberão melhorias.

268 Vou "consigo".

Consigo, no Brasil, só tem valor reflexivo:

Pensou consigo mesmo.

Disse de si para consigo.

Como ***consigo*** não pode substituir "com você", "com o senhor", diga:

Vou com você.

Vou com o senhor.

269 Uma casa "contendo" cinco quartos.

Evite usar ***contendo*** no lugar de ***com***:

Uma casa com cinco quartos.

Documentos com dados incorretos.

Reportagens com informações tendenciosas.

270 O time "correu atrás" do prejuízo.

Ninguém deve correr atrás de uma coisa negativa. Por isso, um time que está em desvantagem no marcador pode *correr atrás do empate, da vitória, da vantagem.*

No regime capitalista, a empresa deve até *correr atrás do lucro*, mas nunca do prejuízo, o que não faz nenhum sentido.

271 A equipe vinha num "crescente", mas perdeu o jogo.

É ***crescendo*** o termo que designa aumento ou melhora progressiva:

A equipe vinha num crescendo, mas perdeu o jogo.

Sua irritação caminhava para um crescendo incontrolável.

É o mesmo ***crescendo*** da música.

272 O autor "cujo o" livro eu li...

Não se deve usar o artigo depois de ***cujo***:

O autor cujo livro li esta semana virá ao Brasil.

Eram os heróis cujos feitos (e não "cujos os feitos") *relembramos.*

Elogiaram os amigos cujas esposas (e não "cujas as esposas") *conheciam.*

273 Seu aniversário, este ano, cai "de" domingo.

A preposição para esses casos é ***em***, e não ***de***:

Seu aniversário, este ano, cai no domingo (ou *num domingo*).

274 Pediu "maiores detalhes" sobre o caso.

Não se trata do ***tamanho***, mas da ***quantidade*** dos detalhes:

Pediu mais detalhes sobre o caso.

Da mesma forma:

Queria mais (em vez de "maiores") *esclarecimentos sobre o assunto.*

Faltavam mais (e não "maiores") *informações sobre o crime.*

275 A rede de "doceiras" fez muito sucesso.

Doceira é a mulher que faz ou vende doces:

Era uma doceira de mão-cheia.

A loja contratou duas novas doceiras.

O lugar onde se vendem essas iguarias se chama ***doceria*** ou ***doçaria***:

A rede de docerias fez muito sucesso.

Instalou uma doçaria no shopping.

276 Acidente "envolvendo" moto e caminhão.

Evite empregar ***envolvendo*** no lugar de ***entre***. Por isso, o recomendável é:

Acidente entre moto e caminhão.
Foi um choque entre dois carros e um ônibus.
Incidente entre dois participantes interrompeu a reunião.

277 Comprou um teclado "ergométrico".

O teclado e uma cadeira são ***ergonômicos***, pois regulam os efeitos do trabalho no organismo humano.

Ergométrico mede o esforço muscular desse trabalho:

esteira ergométrica, bicicleta ergométrica.

E atenção:

não existe a forma "ergonométrico".

278 A empresa já "esperava" prejuízos.

Esperar tem um sentido positivo, de ter esperança, expectativa. Por isso, no sentido negativo, prefira ***prever***:

A empresa já previa prejuízos.
O governo prevê a volta da inflação.

279 A carreta "se evadiu".

Veículos não têm vontade própria. Por isso:

O motorista da carreta (e não "a carreta") *se evadiu.*

O chofer do táxi (e não "o táxi") *abandonou o local do acidente.*

O motorista do ônibus (e não "o ônibus") *avançou o sinal.*

280 Havia poucas pessoas "no féretro".

O ***féretro*** é o caixão mortuário, e não o cortejo:

Poucas pessoas levaram o féretro à sepultura.

281 Chegou ontem de "Firenze".

O nome da cidade italiana já está aportuguesado: *Florença.*

Da mesma forma se diz e escreve *Londres* (e não "London"), *Milão* (e não "Milano"), *Hamburgo* (e não "Hamburg"), *Nápoles* (e não "Napoli"), *Turim* (e não "Torino"), *Cidade do Cabo* (e não "Capetown").

282 Galvão era um "frei" franciscano.

Frei é forma de tratamento que só deve ser usada antes do nome do religioso:

Frei Galvão é o primeiro santo brasileiro.

O membro da ordem religiosa é um ***frade***:

O convento era dirigido por um frade.

283 Na "fronteira" dos dois municípios.

Usa-se ***fronteira*** para países:

Fronteira Brasil-Argentina.

Divisa para Estados:

Divisa Paraná-Santa Catarina.

E ***limite*** para municípios:

Limite entre São Paulo e Osasco.

284 O Palmeiras e o Corinthians são "inimigos".

Não são. São ***adversários***. ***Inimigo*** é alguém que se odeia, a que se tem aversão. E isso não ocorre (ou pelo menos não deveria ocorrer) no esporte. Times e atletas são, isso sim, ***adversários***:

O Corinthians é um dos principais adversários do Palmeiras.

O corredor não tinha adversário na maratona.

285 Procurei o médico e "o mesmo" estava fora.

Não se deve empregar ***o mesmo*** no lugar de pronome ou substantivo:

Procurei o médico e ele estava fora.

Os diretores se reuniram e amanhã conheceremos as decisões deles (e não "dos mesmos").

286 Do mito, restou quase "nada".

Nada, quando vem ***depois*** do verbo, exige outra negativa antes:

Do mito, não restou quase nada.

Ele não fez nada (e não "ele fez nada").

As frutas não custaram praticamente nada.

É possível usar ***nada*** sem outra negativa se ele vier ***antes*** do verbo:

Ele nada fez.

A empresa nada apurou sobre o desfalque.

Nada lhe perguntaram.

287 O time "obteve" três vitórias e cinco derrotas.

Obter significa alcançar o que se deseja, conseguir, ganhar, granjear e por isso só deve ser usado com sentido positivo:

O time obteve três vitórias no campeonato.

O estagiário obteve o cargo pretendido.

Nos casos negativos, use ***ter***:

O time teve três vitórias e cinco derrotas.

A empresa teve prejuízo no exercício.

288 A entrevista "onde" o ministro comunicou sua saída.

Onde só deve ser usado para lugar físico:

A casa onde ele mora.

Essa é a firma onde ele trabalha.

Nos demais casos, use ***em que***:

A entrevista em que o ministro comunicou sua saída.

A tese em que ele defende essa ideia.

289 Procurou remédio "para" a aids.

Remédio para é aquele que ajuda a função de um órgão: *remédio para o estômago, remédio para o coração.*

Remédio contra é o que combate uma doença: *remédio contra a aids, remédio contra gastrite.*

290 "Peles-vermelhas" atacaram em Rondônia.

Pele-vermelha é o índio dos Estados Unidos, e não o brasileiro:

Índios atacaram garimpeiros em Rondônia.

Os peles-vermelhas foram dizimados nos Estados Unidos.

291 Foi atingido "pelo o" disparo.

Pelo é a contração de ***per*** (*por*) e ***o***. Por isso não se deve empregar o artigo:

Foi atingido pelo disparo.

Andou pelo lado do campo.

292 Não há "qualquer" perigo.

É ***nenhum*** que se emprega depois de negativas:

Não há nenhum perigo.

Ninguém lhe fez nenhum favor.

Nunca armou nenhuma confusão.

293 Tinha grande "quantia" de amigos.

Quantia, modernamente, só se aplica a montante de dinheiro:

Ganhou grande quantia na Loteria.

Nos demais casos, empregue ***quantidade***:

Tinha grande quantidade de amigos.

Prefira qualidade a quantidade.

294 O time regularizou "o jogador".

Regulariza-se alguma coisa ou a situação de alguém:

O time regularizou a situação do jogador.
A empresa regularizou os documentos.
A Polícia Federal regularizou a permanência dos imigrantes.

295 A empresa não "retornou" a ligação.

Deve-se usar ***responder***, nesse caso, em vez de "retornar", que não significa responder:

A empresa não respondeu à ligação.

296 Ele "sequer" telefonou.

Sequer significa ***ao menos*** e exige negativa antes:

Ele nem sequer telefonou.
Partiu sem sequer nos avisar (**sem** é uma negativa).
Não deu sequer um suspiro.

297 Isto é para "si".

Si só tem valor reflexivo no Brasil:

Voltou-se para si mesmo.
Discutiram o caso entre si.

Nos demais casos:

Isto é para você.
Isto é para o senhor.

298 Conhecia "todo" Estado.

Todo o (ou ***toda a***) é que significa ***inteiro***:

Conhecia todo o Estado (o Estado inteiro).

Toda a rede de lojas (a rede inteira) *foi fechada.*

Sem ***o***, ***todo*** quer dizer cada, qualquer:

Todo homem (cada homem) *é mortal.*

Todo cidadão (qualquer cidadão) *exige segurança.*

299 Gostava de "todos" colegas.

No plural, ***todos*** exige ***os*** quando determina um substantivo:

Gostava de todos os colegas.

Todos os dias eram iguais para ele.

300 O acidente deixou 10 "vítimas fatais".

Fatal significa mortífero, que causa a morte. A vítima recebe a morte e não a produz. Então, ***fatal***, no sentido real, é um acidente, uma batida, uma queda, um tiro, um golpe:

O acidente deixou 10 mortos.

A explosão causou 20 mortes (e não "20 vítimas fatais") *e ferimentos em 50 pessoas.*

ÍNDICE REMISSIVO

B

C

D

E

F

G

H

I

N

O

P

Q

R

S

X

Z